I0814134

PONPYE

DOUGLAS BENDER
JEAN-PIERRE GASTON

Sipò Lekòl A Kay Pou Moun Kap Bay Swen Ak Pwofesè Yo

Liv sa ede timoun yo grandi lespri yo nan kite yo pratike lekti. Men kèk kesyon kap ede lektè yo bati konpreyansyon konpetans yo. Epons posib yo parèt an wouj.

Anvan Lekti:

- De kisa mwen panse liv sa ap pale?
    - *Liv sa se sou ponpye.*
    - *Liv sa se sou sa yon ponpye fè nan travay la.*
- Kisa mwen vle aprann sou sijè sa?
    - *Mwen vle aprann kijan yon ponpye sanble.*
    - *Mwen vle aprann kisa yon ponpye fè.*

Pandan Lekti:

- Mwen mande poukisa...
    - *Mwen mande poukisa gen moun ki vin ponpye.*
    - *Mwen mande poukisa ponpye itilize kas.*
- Kisa mwen te aprann jiskaprezan?
    - *Mwen te aprann ke ponpye ede moun ak etenn dife.*
    - *Mwen te aprann ke ponpye kondwi kamyon ponpye.*

Aprè Lekti:

- Ki detay mwen te aprann sou sijè sa?
    - *Mwen te aprann ke ponpye yo mete yon kas pou pwoteje tèt yo.*
    - *Mwen te aprann ke ponpye yo itilize kawotchou dlo pou etenn dife.*
- Li liv la ankò epi chèche mo vokabilè yo.
    - *Mwen wè mo* ***kamyon ponpye*** *nan paj 6 ak mo* ***kas*** *nan paj 10. Lòt mo vokabilè yo wap jwenn nan paj 14.*

Sa se yon **ponpye**.

Yon ponpye ede moun.

Ponpye sa nan yon **kamyon ponpye**.

www.nyc.gov/fdny
N.Y.
SCOTT

Ponpye sa gen yon **kawotchou dife**.

Tout ponpye gen **kas**.

Èske ou konnen yon ponpye?

Lis Pawòl

Mo timoun rekonèt lè yo fèk kòmanse li

moun	ou	se
nan	sa	yon

Mo pouw Konnen

kamyon ponpye

kas

kawotchou dife

ponpye

29 mo

Sa se yon **ponpye**.

Yon ponpye ede moun.

Ponpye sa nan yon **kamyon ponpye**.

Ponpye sa gen yon **kawotchou dife**.

Tout ponpye gen **kas**.

Èske ou konnen yon ponpye?

Moun Mwen Rankontre Yo
PONPYE

Ekri pa: Douglas Bender
Ki fèt pa: Rhea Wallace
Devlopman Seri a pa: James Earley
Korektè: Janine Deschenes
Konsiltan Edikasyon: Marie Lemke M.Ed.
Tradui pa: Jean-Pierre Gaston

Photographs:
Shutterstock: Sergey Mironov: cover, p. 3, 14; Monkey Business Images: p. 1; Gorodenkeff: p. 5; Victor Moussa: p. 7, 14; Toa55: p. 8-9, 14; VAKS: p. 11, 14; Tyler Olson: p. 13

Crabtree Publishing Company
www.crabtreebooks.com 1-800-387-7650

In Canada: We acknowledge the financial support of the Government of Canada through the Canada Book Fund for our publishing activities.

Published in the United States
Crabtree Publishing
347 Fifth Avenue
Suite 1402-145
New York, NY, 10016

Published in Canada
Crabtree Publishing
616 Welland Ave.
St. Catharines, Ontario
L2M 5V6

Printed in Canada/102021/CPC